主　　编：邵永红

编 委 会（以姓氏笔画为序）：

王　君　丘权珍　庄丽娥　陈才林　陈亚婉　李志德

邵坤沙　邵雅兰　林晓菲　林耀煌　洪　芬　胡艺芳

柯玉瑜　郭巧妮　蔡冬吟

主编 / 邵永红

为我点赞
——小学生积极品质发展评价体系

海峡出版发行集团 | 福建教育出版社

图书在版编目（CIP）数据

为我点赞：小学生积极品质发展评价体系/邵永红主编.
--福州：福建教育出版社，2018.9
ISBN 978-7-5334-8204-6

Ⅰ.①为… Ⅱ.①邵… Ⅲ.①小学生－教育评估－研究 Ⅳ.①G627.3

中国版本图书馆 CIP 数据核字（2018）第 213724 号

Weiwo Dianzan——Xiaoxuesheng Jiji Pinzhi Fazhan Pingjia Tixi

为我点赞——小学生积极品质发展评价体系

主编　邵永红

出版发行	福建教育出版社
	（福州市梦山路 27 号　邮编：350025　网址：www.fep.com.cn）
	编辑部电话：0591－83726908
	发行部电话：0591－83721876　87115073　010－62027445
出 版 人	江金辉
印　　刷	福建东南彩色印刷有限公司
	（福州市金山工业区　邮编：350002）
开　　本	890 毫米×1240 毫米　1/32
印　　张	2.875
字　　数	60 千字
版　　次	2018 年 9 月第 1 版　2018 年 9 月第 1 次印刷
书　　号	ISBN 978-7-5334-8204-6
定　　价	20.00 元

如发现本书印装质量问题，请向本社出版科（电话：0591－83726019）调换。

目 录

- 一、体系概述……………………………………… 1
- 二、理论基础……………………………………… 5
- 三、评价原则……………………………………… 7
- 四、评价内容……………………………………… 9
- 五、评价特点……………………………………… 37
- 六、评价工具……………………………………… 39
- 七、评价流程……………………………………… 51
- 八、评价奖罚……………………………………… 52
- 九、评价途径……………………………………… 55
- 十、细化评价范例………………………………… 57
  - 小学生积极品质发展评价之教师操作范例 1 …… 57
  - 小学生积极品质发展评价之班主任操作范例 2 …… 60
  - 小学生积极品质发展评价之教师操作范例 3 …… 67
  - 小学生积极品质发展评价之家长操作范例 4 …… 74

一、体系概述

学生评价是指根据一定的标准,通过使用一定的技术和方法,以学生为评价对象所进行的价值判断,是学校教育评价的核心[①]。当学生评价发挥积极效应时,其具有导向、反馈、诊断、促进、激励等作用;当学生评价产生消极作用时,则可能导致部分学生滋生失败、气馁、厌学、不安等情绪[②]。在课改实施中,评价改革始终被当做重中之重。随着课程改革进入"深水区",传统的过分强调甄别与选拔功能、以教师为中心的评价模式已不能满足教学改革的需要,学校教育迫切需要转变评价观念,建立新的多元化评价体系,真正发挥评价为教学服务、促进学生全面发展的功能。《基础教育课程改革纲要(试行)》提出,"改变过去传统的过于突出甄别与选拔功能的课程评价方式,充分发挥课程评价在教学活动中的正面引导、判断、激励作用,最终促进学生全面发展,提高教师教学实践能力"。当代学生评价的理论与实践倾向于倡导构建以发展为本的学生评价体系。为更好地落实立德树人的根本任务,积极培育和践行社会主义核心价值观,发展学生核心素养,培养未来社会必备

[①] 全国十二所重点师范大学联合编写.教育学基础.教育科学出版社,2002.
[②] 王斌华.学生评价:夯实双基与培养能力.上海教育出版社,2010.

的品格与能力，厦门市祥平中心小学结合学校实际，以积极心理学和多元智能理论为理论基础，在研究实践中摸索出"为我点赞"评价体系。它立足于学生的全面发展需要，着力于发展学生的积极心理品质，培养学生正向价值观，关注学生的个性发展，充分体现师生的自主性、能动性和创造性，具有鲜明的学校特色。

"为我点赞"评价体系是根据一定的发展性目标——积极品质，运用发展性的评价技术和方法，对学生素质发展的进程进行评价解释，使学生在发展性教育评价活动中，不断认识自我、发展自我、完善自我，使之不断积淀、发展、优化其自我素质结构，促进其在德、智、体诸方面素质得到和谐发展[1]。

随着基础教育新课程改革的实施，发展性评价应运而生，得到越来越多的关注，发展迅速。教育主管部门和学校在教育实践中，也摸索出了不少发展性评价实践模式。从形式上可以归纳为学习性评价、表现性评价、真实性评价、过程性评价、成长记录袋、情境测验等几种类型。例如，上海市卢湾区开发学生综合素质评价体系，该体系的指标分为基础性评价指标和发展性评价指标，注重过程性记录，学生的社会实践考察与参观、社会服务行为、兴趣爱好、特长发展等都能通过信息化系统进行详细记录，操作方法合理、简便，师生皆可进入系统参与评价；潞安新疆煤化工（集团）有限公司教育处第一小学开展的"五星少年"活动，利用品德星、艺术星、劳动星、体卫星、学习星这五星来综合评价学生的阶段性发展目标是否实现[2]；福建省自2001年起，采用了学生素质综合评价办法，实行"等级＋特长＋评语"的评价模式；厦门市《小学生素质报告手

---

[1] 刘川. 发展性评价的实践与思考. 教育研究, 1999（3）.
[2] 王唯. 学校发展性评价方案研究. 中小学管理, 2005（4）.

册》采用星级评价法，将各学科指标划分为三个等级，分别为一星、两星和三星，对学生的学科发展进行书面评价；厦门市松柏第二小学采用"三星晋级制发展性评价方法"，以学校的校徽作为图案，制作成金、银、铜三个星级的荣誉奖章，以三星晋级为载体，对学生的德、智、体、美、劳、心、特长等进行综合评价。

  从这些评价模式中，我们不难看出，较之传统的评价体系，现今的发展性评价已有重大进步，主要体现在：评价功能逐渐从"鉴定甄别"向"促进发展"转变；重视学生在评价中的主体地位和重要作用，学生能够深入参与评价；评价内容多元化，能够重视学生除学业成就外的能力发展；注重过程性评价，能将终结性评价与形成性评价有机结合等。但是，不可避免地，在各种发展性评价模式中，我们仍可以看到问题的存在：一是评价指标泛化，缺乏区分度，未能有效体现学生年龄特点；二是评价形式上，多采用书面评价或电子记录的形式，在评价学生的情感态度、创新能力、社交技能等方面具有局限性，同时，这样的评价形式容易与学生的生活脱离，降低评价对学生的影响力；三是在分值评价和星级评价中，我们看到的评价内容大多是容易量化的，一些不易量化的评价内容如团队精神、创新能力等则容易被忽视，而这些能力又是学生全面发展中不可或缺的；四是评价主体的主流仍是教师，部分评价模式中有学生参与评价过程，仍未能为学生的全面发展提供全面、客观、准确的评价。

  祥平中心小学原有的评价模式有学生素质教育报告手册、成长记录袋、学科考试和班级内部评价。这些评价模式仍然存在重选拔、轻发展，重结果、轻过程，评价导向性不够明确，评价过程不够完善，评价指标过于单一,评价主体不够合理等问题①。基于一些地区和学校的实践研究基础,我们结合本校办学理念、办学目标和学生实际情况,融合积极心理学理论、多元智能理论及社会主义核心价值观、核心素养培养要求,建立起一套内容全面、可操作性强、学生参与度高、能够促进学生全面发展、受师生家长欢迎的评价体系"为我点赞——小学生积极品质发展评价体系"。

---

① 王唯.学校发展性评价方案研究.中小学管理,2005(4).

二、理论基础

（一）积极心理学

积极心理学是"为我点赞——小学生积极品质发展评价体系"最为主要的理论基础。

积极心理学是对人类积极的、正面的经历以及人的性格特征、长处和福祉的科学研究。积极心理学提倡挖掘人的积极品质，并且提出了六大美德与二十四项积极品质。积极心理学提出的六大美德有[①]：

1. 智慧和知识：创造力、好奇心、开放思想、热爱学习、有视野（洞察力）。

2. 勇气：真诚、勇敢、坚持、热情。

3. 仁慈与爱：友善、爱、社会智能。

4. 正义：公平、领导力、团队精神。

5. 修养与节制：宽容、谦虚、谨慎、自律。

6. 心灵的超越：审美、感恩、希望、幽默、信仰。

积极心理学倡导教育应以积极的心态关注人的心理现象，以帮助人获得最大程度的幸福，教育也因此由原来的关注学生存在的问

[①] 陈虹.教师积极语言在课堂中的应用.天津教育出版社，2014：5-7.

题转向关注学生的积极体验和积极心理品质,而这正是实现人的全面发展的重要途径。积极心理学所提出的二十四项积极心理品质符合人的全面发展的内在需求,选取这些品质作为评价体系的维度和因素,旨在适当、有效地促进学生全面发展和个性成长。

(二)多元智能理论

传统智力理论认为语言能力和数理逻辑能力是智力的核心,智力是以这两者整合的方式存在的一种能力。而20世纪80年代哈佛大学认知心理学家加德纳所提出的多元智能理论,定义智能是人在特定情景中解决问题并有所创造的能力。他认为我们每个人都拥有至少八种主要智能:语言智能、数理逻辑智能、空间智能、身体-运动智能、音乐智能、人际智能、内省智能、自然探索智能[1]。本评价体系的评价内容及评价方法能够激发学生优势潜能的发展,进而激发其他智能发展,符合多元智能理论要求。

---

[1] 多元智能理论的学习. ASK123 学习培训网. 2013.01.05.

三、评价原则

（一）发展性原则

本评价体系的评价内容涵盖了德、智、体等综合素质，坚持以促进学生的全面发展为目标。评价机制确保学生能够全员参与评价，对学生进行横向及纵向的比较，关注学生个性化的进步与发展。横向比较基于学生的共性发展，即评价某一品质的发展水平应符合学生年龄特点；纵向比较基于学生的个性发展，允许学生有异于他人的品质发展速度与模式。

（二）过程性原则

本评价体系的过程性原则体现在三个方面：第一，评价关注学生成长历程，将评价与学生的学习、生活等结合起来，融入到课堂内外，覆盖全科教学，实现评价立体化；第二，建立评价档案，使用《小学生积极心理品质问卷》《点赞手记》对学生的品质发展过程进行跟踪，确保学生在小学六年中品质评价的连贯性及系统性；第三，评价主体关注学生品质发展动态，在确认学生的某一品质发展具有稳定性后，方可为学生颁发点赞卡，并持续观察学生是否能够较好地保持该品质。

（三）激励性原则

评价要最大程度地调动学生的积极性，从而使评价成为一种激励学生不断发展的动力。本评价体系根据最近发展区原理，对学生的某一品质提出期待，并鼓励学生努力发展该品质。同时，对学生的评价及时且具有针对性，符合学生发展的实际情况。积极发挥榜样示范作用，如学生将获得的点赞卡挂在书包上，班级设立点赞榜，学校设立偶像榜对学生进行表扬等。根据学生获得的点赞卡数量，设置不同等级的非物化附加奖励以鼓励学生，供学生自由选择，例如获得一张点赞卡可减免一项作业或当值日班长一天；获得两张点赞卡可让老师在家长微信群上表扬孩子，或者图书管理员体验一天等。

（四）科学性原则

本评价体系遵循教育规律与学生身心发展规律，以积极心理学理论为依据，在大量文献研究和调查研究的基础上建立科学的评价体系，运用科学的评价方法，努力获取学生的全面信息，借助信息化技术手段进行分析，掌握学生的品质发展动态，适时指导和总结，关注学生的个性差异及特长发展，扩大评价的涵盖面。

（五）互动性原则

本评价体系突出学生的主体地位，评价主体具有考察及评价学生品质发展的权利及责任，学生具有自主申请评价主体对其进行某一品质评价的权利。评价主体多元化，师生、家校、社会、生生互动评价，评价主体之间保持信息沟通，确保对学生品质发展具有整体性的认知。

四、评价内容

在积极心理学理论基础上,我们将二十四项积极心理品质作为小学阶段必须发展的核心品质,并通过调查、研究、论证,师生、家长一起对二十四项核心品质做出具体化、儿童化的解释,如下表所示。

	品质	内涵[①]	儿童化表述	榜样人物
第一阶段	宽容	只要欺负过自己的人道歉了,还能与他们继续做朋友;伤害过自己的人如果道歉了,会原谅他们,会再给他们一次做朋友的机会。会公平地对待对自己不好的人,当有人对自己做了不好的事,不会跟他们算账,一般不与别人争论。	遇事笑一笑,阳光脾气好,人际交流中,大度是个宝!大家好,我是象征"宽容"品质的大度牛,期待能和宽容待人的你成为好朋友哦!	张英

[①] 陈虹.教师积极语言在课堂中的应用.天津教育出版社,2014:5-7.

审美	喜爱艺术、音乐、舞蹈和戏剧,当看到美丽风景时会停下来欣赏一下。观看艺术作品或话剧时会感到津津有味,经常会注意一些美丽的事物。在观看美丽的图画和聆听悦耳的音乐时总是忘记了时间。	世上谁不爱美,心美更比貌美好。我是貌美心更美的孔雀公主,让我们一起去发现美、创造美吧!	断臂维纳斯
团结精神	如果团队没采纳自己的想法,仍能和团队继续合作,即使团队面临失败,仍会以拼搏的精神坚持比赛。只要有益于团队就愿意为自己的团队多做点事儿。在活动中,可以耐心等待自己的上场机会,不会因此感到烦躁,任何时候都会忠诚于团队。	人心齐,泰山移!齐心协力了不起!我们是团结一心的蚂蚁家族!你不是一个人在战斗,齐心协力,定会创造奇迹!	中国女排
好奇心	爱提问,对各种事情都很感兴趣,对事情的来龙去脉感到好奇。总想知道更多,对许多事情,总是有许多疑问,对不熟悉的人、地方或事物总是感到好奇。	爱提问,爱探索,思维开花一朵朵!我是喵小奇,如果你也是一个好奇宝宝,别忘了把你的疑问告诉我哦!	牛顿

感恩	生活中很少抱怨，常常感恩他人或周围的环境。生活中可以找到许多值得感恩的事，经常觉得要感谢别人。有好事发生时，会想起帮助过自己的人，经常在心里感激父母和家人，经常为生命中所拥有的而感到幸运。	多感谢，少抱怨。多奉献，少索取。感念恩情思回报，待人温暖心地好。你们听过"结草衔环"的故事吗？我就是故事里的小黄雀，用感恩的心对待生活，我们会发现一切都很美好！	韩信
坚持	会坚持做功课，直到做完为止。即使任务太难，也不会放弃。做事会尽力，即使失败了也不遗憾，说话算数，十分有耐心，一旦订下了锻炼或学习计划就会坚决执行。	坚持就是胜利，尽力不言放弃，我要一步一步往上攀登！成功的道路上总是布满荆棘的，当你想要放弃时，蜗牛健将会在你身边为你加油鼓劲哦！	居里夫人
自律	即使有钱，也会有计划地消费。当想要某件东西，可以耐心等待。在愤怒时可以控制自己。今天能做的事，不会留到明天。有些话不能说，则可以控制自己不说；有些事不宜现在做，则可以以后再做。	今日事，今日毕；守规矩，会规划；愤怒时，能自控；再着急，能等待。我是自律宝宝小工蜂！当老师父母不在身边时，请别忘了做最好的自己哟！	鲁迅

爱	常常有被爱的感觉。即使和家人发生争执，也仍然爱他们。对那些伤害过自己的人，也不愿意看到他们过得不好。会与朋友或家人分享自己的感受，经常对朋友和家人说爱他们。当遇到困难时，身边会有人帮忙。	心中满是爱，分享乐开怀。爱家人，爱朋友，幸福敲门来。我是充满爱的小海豚！让我们一起用爱发现幸福，感受幸福吧！	林巧稚
友善	朋友不开心的时候，会聆听和安慰朋友。当知道有人生病或遭遇困境时，会为他们担心。当别人有困难时，会关心他们，主动帮助他们，一向对人友善、仁慈。	乐助人，会分享，懂得关心朋友多！我是友善宝宝大熊猫！让我们一起把关心互助的种子播撒得更远吧！	蔺相如
热爱学习	学到了一些新东西时会很开心，没有老师家长监督的时候也会主动学习。每当有机会学习新东西时都会积极参加，阅读或学习新东西时总是废寝忘食。	读万卷书，行万里路，上进求知不止步！我是热爱学习的羊博士，求知路上，让我们一起驾着努力的小船不断向前吧！	朱熹

	勇敢	当看到不公平现象的时候，会维护弱者的利益。只要是正确的事，即使面临阻碍，也有勇气去做。当有人欺负别人时，会告诉这个人这样做是不对的。当看到有人被欺负时，会伸出援手，即使感到害怕，也会维护正义，只要做的事正确，就算有人取笑，仍会继续做。	有勇气，有毅力，敢做敢为敢面对！我是最具勇气的战天鸥，困难来临时别害怕，我会陪你一起勇敢面对！让暴风雨来得更猛烈些吧！	鲁滨逊
	创造力	常有新的主意和想法。喜欢创造新异的东西，总是有很多创意。认为自己很有创造力，常常能想出做事的不同方法，喜欢学做不同的事。	创造力，最给力，思维定势一打破，方法总比困难多！我是代表创造力品质的智多猩，期待着和你们一起打开新的思维世界噢！	苏颂
第二阶段	开放思想	喜欢用不同的方法解决问题。做出一个决定时，会考虑每个决定的好处和坏处。愿意听取别人的意见，做最后决定前会考虑所有的可能性，经常能想到令所有人都满意的解决问题的办法。	看问题，多角度，做决定，有思路，开放思想来帮助！	邓小平

洞察力	即使在困难的情况下，都可以做出正确的判断，知道什么事情是重要的。常能提出较好的建议，善于找到解决冲突的办法，很少做出错误的选择。	洞察力，最犀利，善解人意善分析。遇难题，提建议，解决问题最有益！	李彦宏
真诚	总是信守诺言，不会为了摆脱麻烦而说谎。即使会惹上麻烦，也要说实话、实事求是。不会经常找借口，能被别人信任。自己做错了事，就算再尴尬也会承认错误。	言必信，行必果，诚以待人暖如火！	刘备
热情	非常热心，精力充沛，无论做什么都会很有兴趣。善于与各种类型的人相处，对生活、学习充满希望，认为生命是令人激动的。	心向阳光有希望，积极乐观闯一闯。尽我所能去努力，正能量最积极！	雷锋
社交智能	在大多数社交场合中，谈吐和举止十分得体，知道应该说些什么话让别人感觉舒服，知道应该怎么做才能避免与别人发生矛盾。善于结交新朋友，一般不会在无意中惹恼别人，不用问也知道别人需要什么。当朋友们争吵时，善于帮他们重归于好。	善交际，朋友多，看别人优点处，对自己不自负。有矛盾，能化解，换位思考促和谐！	管仲、鲍叔牙

公平	在团队里工作时，会让每个人都有平等的机会。即使不喜欢某些人，也会公平地对待他们。即使某件事情自己做得很好，也会让别人有机会去尝试。认为每个人的意见都同样重要。即使是朋友，仍会要求他与其他人一样遵守规则。	对人对事一杆秤，一视同仁保公正。不偏爱，不偏见，规则面前都平等！	包拯
领导力	在小组成员意见不一致的时候，能够协调他们的想法，让他们继续合作。擅长当班干部，善于组织集体活动并确保成功。在做集体项目的时候，是个让大家信赖和尊敬的领导。会听取其他成员的意见，当和同伴一起玩耍时善于出主意，并让小组成员照自己说的去做，善于鼓励成员完成团队的工作。	集体活动组织好，推荐我当小领导。沟通协调有技巧，善鼓励，分工妙，团队配合效率高！	乔布斯
谦虚	即使很擅长某件事情，也不会炫耀。不会表现出比别人厉害的样子。不会显摆自己的成就，不大喜欢只谈论自己，而是比较喜欢让其他人有机会讲他们自己的故事。即使做了好事，也不会去张扬。	满招损，谦受益！做事低调不炫耀，虚心请教不骄傲！	梅兰芳

谨慎	无论做什么都很细心，凡事都经过大脑慎重思考。只有掌握了充分的事实才会做决定。做事会考虑后果。不会连续两次犯同样的错误，不会做自己稍后就可能后悔的事。	深思熟虑思利弊，小心谨慎不大意，思前想后少犯错！	诸葛亮
希望	无论做什么事情，都有信心会成功。当事情不顺利的时候不会放弃希望，相信无论看起来多么困难的事，总会得到解决。对将来感到乐观，为实现目标，无论事情有多糟糕都会怀着希望努力克服困难。	有理想，有追求，心向阳光去拼搏！遇难题，不放弃，脚踏实地再努力！	甘布士
幽默	善于引人发笑，逗别人开心。喜欢说笑话或讲有趣的故事，常常通过说笑话让别人摆脱坏心情；总是很愉快，善于打破沉闷，使气氛变得很有趣。	一个有趣的人，一件有趣的事，我是生活中少不了的调味剂！开玩笑，有分寸，嘲笑他人惹矛盾！	马克·吐温
信仰	觉得生命是有目的的，人应该有信念。为了自己信奉的思想和主张，可以不辞劳苦、勇于奋斗，并争取努力实现。	有信仰才有力量。心怀一个梦想，胸藏无限可能，为理想而努力，开创人生新天地！	方志敏

通过组织师生、家长及社会人士的问卷调查，座谈，专家参与论证，我们确定了小学阶段必须优先发展的十二种积极品质：创造力、团队精神、感恩、爱、热爱学习、勇敢、好奇心、坚持、自律、友善、审美、宽容。在学生已积累完成这十二种积极品质之后，鼓励他们发展其他的十二种积极品质：开放思想、洞察力、真诚、热情、社会智能、公平、领导力、谨慎、希望、幽默、信仰、谦虚。

为加深对积极品质内涵的理解，师生、家长为每一个积极品质寻找相应的榜样人物，并收集整理榜样人物的积极品质故事。

品质：自律
榜样人物：鲁迅

自律的鲁迅

鲁迅十二岁到三味书屋跟随寿镜吾先生学习，在那里攻读诗书近五年。十三岁时，有一次，父亲病重，鲁迅一大早到当铺卖掉家里值钱的东西，然后再到药店给父亲买药，回来时老师已经开始上课了。先生看到他迟到了，生气地说："十几岁的学生，还睡懒觉，上课迟到。下次再迟到就别来了！"鲁迅听了，点点头，没有为自己作任何辩解。第二天，他早早来到学校，在书桌右上角用刀刻了一个"早"字，心里暗暗地许下诺言：以后一定要早起，不能再

迟到了。以后的日子里,虽然家里的负担很重,可是他再也没有迟到过①。

品质:坚持

榜样人物:居里夫人

坚持不懈的居里夫人

为了提炼纯净的镭,居里夫妇搜集到一吨可能含镭的工业废渣。他们在院子里一锅一锅地进行冶炼,然后再送到化验室溶解、沉淀、分析。化验室只是一个废弃的破棚子,居里夫人终日在烟熏火燎中搅拌着锅里的矿渣。她衣裙上、双手上,留下了酸碱的点点烧痕。经过三年又九个月,他们终于从成吨的矿渣中提炼出了0.1克镭。在工作卓有成效的同时,镭射

线也在无声地侵蚀着她的肌体。她美丽健康的容貌在悄悄地隐退,逐渐变得眼花耳鸣,浑身乏力。但她什么也不管,坚持默默地工作。她从一个漂亮的小姑娘,变成一个端庄坚毅的女学者,成了科学史上一块永远的里程碑②。

①康桥,秦庆峰.观念:改变人生的101个经典故事.上海教育出版社,2005:11.
②跨越百年的美丽.十年文化散文精萃.百花文艺出版社,2000:332.

品质：宽容

榜样人物：张英

心宽则无墙

清康熙年间，张英担任文华殿大学士兼礼部尚书。他老家安徽桐城的宅院与吴家为邻，两家院落之间有条巷子，供双方出入使用。后来吴家要建新房，想占这条路，张家人不同意。双方争执不下，将官司打到当地县衙。县官考虑到两家人都是名门望族，不敢轻易了断。这时，张家人一气之下写封加急信送给张英，要求他出面解决。张英看了信后，在给家里的回信中写了四句话："千里修书只为墙，让他三尺又何妨？万里长城今犹在，不见当年秦始皇。"家人阅罢，明白其中含义，主动让出三尺空地。吴家见状，深受感动，也主动让出三尺房基地，"六尺巷"由此得名。心宽则无墙，宽容让心更近①。

品质：好奇心

榜样人物：牛顿

充满好奇心的牛顿

牛顿是英国著名的科学家。一天，一粒苹果从树上掉了下来，

---

①邓万里，吴艳兰．一场电影化解43年纠纷．当代贵州．2016（26）．

恰好打在牛顿的头上。他想：苹果为什么不在天上"飞"，也不横着"跑"，偏偏垂直地落到地上呢？难道地球对它有一股吸引力？"苹果落地"这个问题在牛顿心里种下了好奇的种子，他把生活中看到的其他现象放在一起进行研究。后来，他发现宇宙中一切物体之间都存在着相互吸引力，他把这种力称为"万有引力"。要想在茫茫学海获取成功，就必须有强烈的好奇心。正像爱因斯坦说的那样："我没有特别的天赋，只有强烈的好奇心[1]。"

品质：勇敢

榜样人物：鲁滨逊

勇敢的鲁滨逊

年轻时，鲁滨逊不安于舒适的生活，独自离家去经商。结果遇到了海盗，被摩尔人俘获。后来他逃往巴西，成为种植园主，又去非洲贩卖黑人，不料船在途中遇到风暴触礁，唯有鲁滨逊幸存。在杳无人烟的孤岛上，鲁滨逊在克服了最初的恐惧和悲观情绪后，立即投入了自力更生、征服大自然的斗争。他利用

---

[1] 科学家的故事.http://tech.163.com/special/00091KSE/newton.html.

触礁船上的枪支器械和简单工具,猎取食物,种植谷物,驯养山羊,修筑栅栏,挖凿山洞,建造房屋,还制作陶器,让自己的生活重新走上正轨。在岛上生活的后期,鲁滨逊英勇地从食人族手中救下一个土著人,取名为"星期五"。后来,一艘英国航船驶经荒岛,勇敢的鲁滨逊帮助船长制服了叛乱的水手,得以乘这艘船离开荒岛,返回英国[①]。

品质:幽默

榜样人物:马克·吐温

幽默的马克·吐温

马克·吐温有一次到某地旅店投宿,别人事前告知他此地蚊子特别厉害。他在服务台登记房间时,一只蚊子正好飞来。马克·吐温对服务员说:"早听说贵地蚊子十分聪明,果如其然,它竟会预先来看我登记的房间号码,以便晚上对号光临,饱餐一顿。"服务员听后不禁大笑。结果那一夜马克·吐温睡得很好,因为服务员也记住了他的房间号码,提前进房做好灭蚊防蚊的工作。幽默经常帮助他化解生活中的难题与尴尬,也让他的作品别有趣味[②]。

[①]王宏波.基于后殖民视角谈《鲁滨逊漂流记》.芒种(下半月),2015(10).
[②]王宁.口语交际:追寻审美的课堂.江苏教育研究.2013(2).

品质：友善

榜样人物：蔺相如

友善的蔺相如

战国时期，赵国文臣蔺相如出使秦国，使得完璧归赵。在渑池会上，他又机智勇敢地使赵王免受秦王的羞辱。于是赵王提拔蔺相如为右上卿，官位在武将廉颇之上。老将廉颇自认军功了得，总是不服气，扬言如果见到蔺相如一定要给他难堪。蔺相如于是就称病不上朝，以免见到廉颇。外人都以为蔺相如害怕廉颇，其实不然。蔺相如是为了赵国国家利益，认为将相不和会给秦国可乘之机。廉颇知道真相之后，主动负荆请罪，从此两人成为生死之交，共同保卫赵国。蔺相如的友善，不是懦弱，而是为了国家利益，团结同僚①。

品质：团队精神

榜样人物：中国女排

团结一心的中国女排

中国女排在 2016 年里约奥运会女子排球比赛获得冠军。在女排

---

①将相和.https://baike.baidu.com/item/%E5%B0%86%E7%9B%B8%E5%92%8C/1928?fr=aladdin.

姑娘的身上我们看到了一种团结奋进、积极向上的团队精神，这就是"女排精神"。场上的每一次发球、传球、进攻，都显示出女排队员之间的团结，得分相互鼓励，失误互相打气，正是队员们的团结协作，女排一步步走向成功。"赢了一起狂，输了一起扛"是对这种精神最完美的诠释。总教练郎平一直强调，无论是生活中，还是训练和比赛中，在困难时刻要多帮助队友，多为队友分担一点，队友的压力就小一点。团队精神是中国女排重返世界排名第一的法宝。

品质：爱

榜样人物：林巧稚

大爱如天林巧稚

1901年林巧稚出生在厦门鼓浪屿。从小接受良好教育的林巧稚很早就确立了一个理想：怀着非凡的爱，做平凡的事。她医术精湛，为人谦和，常常一边为病人诊治疾病，一边耐心地教她们自我预防和自我护理。她总是千方百计地为病人省钱，可以吃药的决不打针。"文化大革命"期间，林巧稚被剥夺了主任医师的职务，成了一个每天推着四轮小车给病人打针、送药、洗便盆的老护士。但她仍怀着深深的爱去做这些看似细小琐碎的事，在其六十年的医务生涯中，林巧稚除了做研究和带学生外，还亲自接生了五万多名婴儿。很多父母以"林"字给孩子命名，以表达他们的感激之情[1]。

品质：洞察力

榜样人物：李彦宏

洞察力成就人生

熟悉百度搜索引擎功能的网民，喜欢借助这一工具很快找到搜索目标。李彦宏就是百度公司的创始人。他为什么能获得成功？当初他从网络上的信息排序数量和链接数量，洞察到人们的需求，并将解决这一需求作为个人事业的奋斗目标，为之付诸行动。这是很不简单的抉择，不仅需要业务知识和实践经验，更重要的是要有抓住机遇的洞察力。

品质：热爱学习

榜样人物：朱熹

---

[1] "万婴之母"林巧稚．人民网．2009.08.04．

朱熹劝学

相传朱熹年老时,散步到一所学校。当时正是秋天,他看到梧桐黄叶随风飘落,不禁感慨万千。这时忽然又看见一群青少年在外打闹戏耍,他深深感到,年轻人不懂得珍惜时间好好读书,只有过来人才知道时间宝贵,读书不易,特别是白发苍苍的人更有惜时如金之感,于是诗兴油然而生,低头思索片刻吟道:

少年易老学难成,一寸光阴不可轻。

未觉池塘春草绿,阶前梧叶已秋声。

吟完诗后,他到学堂里将此诗写在书桌上。那些年轻人看到诗后,受到启发,又见是名人朱熹所作,争相传抄,学习也更加勤奋了[①]。

品质:真诚

榜样人物:刘备

三顾茅庐见真诚

东汉末年,刘备身边有两个能征善战的好兄弟——关羽和张飞,但缺少有智谋的人辅佐他。有人向刘备推荐了诸葛亮。

[①]同样是地壳运动,朱熹格物格出什么.腾讯网.http://rufodao.qq.com/a/20151027/047436.htm.

第一次去拜访，不巧，诸葛亮不在家，刘备只好失望地回去了。

第二次，刘备冒着雪，走了很远的路，希望能用自己的诚意打动诸葛亮。可是，这一次诸葛亮又没在家。

第三次，刘备他们来到诸葛亮家时已经是中午了，书童说，诸葛亮正在午睡。刘备没有打扰他，而是恭敬地站在门口等诸葛亮醒来。诸葛亮醒来后，听说刘备为了不影响他休息，已经在门口站了几个时辰，心里非常感动，赶快出门去迎接刘备。

刘备三次拜见诸葛亮，用自己的真诚打动了他，终于得到了诸葛亮的辅佐①。

品质：信仰

榜样人物：方志敏

信仰绝不动摇

"敌人只能砍下我们的头颅，决不能动摇我们的信仰！因为我们信仰的主义，乃是宇宙的真理！为着共产主义牺牲，为着苏维埃流血，那是我们十分情愿的啊！"

①成语典故系列之四.三顾茅庐.岸边杨新浪博客.http://blog.sina.com.cn/s/blog_50a9cbb30100awh5.html.

当我们吟诵方志敏的不朽诗篇，无不为这位伟大的共产主义战士对党和革命事业的赤胆忠心而肃然起敬。

1934年11月初，方志敏奉命率红军抗日先遣队北上，至皖南遭国民党军重兵围追堵截，艰苦奋战两月余，被七倍于己的敌军围困。他带领先头部队奋战脱险，但为接应后续部队，复入重围，终因寡不敌众，于1935年1月27日在江西玉山陇首村被俘。在狱中，面对敌人的严刑和诱降，他正气凛然，坚贞不屈，未曾动摇自己的信仰。1935年8月6日方志敏英勇就义，年仅36岁[①]。

品质：热情
榜样人物：雷锋

热情的雷锋

一次，雷锋看见一位白发苍苍的老大娘，拄着棍，背了个大包袱，很吃力地一步步往前迈着。雷锋走上前去问道："大娘，您到哪去？"老人上气不接下气地说："俺从关内来，到抚顺去看儿子。"雷锋一听跟自己同路，立刻把大包袱接过来，扶着老人说："走，大娘，我送您到抚顺。"老人感动极了。进了车厢，他给大娘找了座位，

[①] 先进性三字歌：方志敏 闹革命 清贫志 众敬仰.南方新闻网.2005.11.23.

自己就站在旁边，掏出刚买来的面包，塞了一个在大娘手里。他在老人身边，和老人唠开了家常。老人说，她儿子是工人，出来好几年了，她是第一次来，还不知道儿子住在什么地方哩。说着，掏出一封信，雷锋接过一看，上面的地址他也不知道。到了抚顺，雷锋搀扶着老大娘，对着地图找了两个多小时，直到找到老人的儿子①。

品质：谦虚

榜样人物：梅兰芳

谦虚的梅兰芳

戏剧大师梅兰芳有一次在演出京剧《杀惜》时，在一片喝彩声中只听有个六旬老人说"不好"。戏散场，梅兰芳来不及卸装更衣，就用专车把老先生接到家中。用茶毕，梅兰芳恭敬地说道："说我不好的人，是我的老

---

① 您了解雷锋吗.http://www.360doc.com/content/11/1016/12/7566409_156584767.shtml.

师。先生说我不好，必有高见，定请赐教，学生决心亡羊补牢。"老先生严肃又认真地指出："惜姣上楼和下楼之台步，按梨园规定，应是上七下八，博士为何八上八下，请问这是出于哪位名师所传？"梅兰芳恍然大悟，深感自己疏漏，连声称谢。此后，梅兰芳在当地演戏，都请这位老先生观看，请他指正①。

品质：社交能力

榜样人物：管仲 鲍叔牙

管鲍之交

春秋时代，齐国著名的宰相管仲，辅佐齐桓公，使齐国成为东方的霸主。

管仲有一个好朋友，叫鲍叔牙。鲍叔牙家比管仲家富有，他们曾经合伙做买卖，每次赚了钱，管仲总是多分些，朋友都认为鲍叔牙糊涂，吃了大亏。而鲍叔牙却回答说："管仲的家境不好，他有老母亲要奉养，多拿一些是应该的。"管仲也曾经做了几次官，每次都因为表现不好，被免职了，大家都耻笑他。鲍叔牙却说："管仲并不是不能干，只是运气不好；这些小事不适合他来做，他的能力很强的，他可以做更大的事情。"

---

①姚政，林力.千万个语文故事1.时代文艺出版社，2009.

后来，管仲辅佐公子纠失败了，而鲍叔牙辅佐的公子小白却接掌了齐国的政权，公子小白就是齐桓公。齐桓公即位后，立刻请来鲍叔牙，要请他当宰相。想不到，鲍叔牙竟然拒绝了，并推荐了管仲为相。齐桓公接受了鲍叔牙的建议，以最隆重的礼仪，请管仲来做宰相。果然，齐桓公在管仲的辅佐下，将齐国治理成富足强大的国家。管仲对人说："生我、养我的是父母，可是了解我、帮助我的，却是鲍叔牙呀！"

品质：公平

榜样人物：包拯

清廉公正的包拯

千百年来，只要提到包拯——包青天，人人都会竖起大拇指，他是中国历史上一位以清廉公正、秉公执法而闻名的大清官。

有一次，包拯的亲舅舅犯了案，被人告到包拯那里，包拯在了解了案情之后非常恼火，立即命令手下把犯案的舅舅捉拿归案。包拯的舅舅开始以为自己的外甥不会拿自己怎么样，但是当看到包拯拉下脸来边训斥边责问，就有点害怕了，便把犯罪的实情全招了。包拯一看证据确凿，就命令衙役先将舅舅重打二十大板！舅舅一听要真打,吓得跪在地上一个劲地求饶,其他亲戚也都替他求情。但是包拯不为所动,冷冷地说:"不是我不讲情义,谁叫他犯法了呢?"说完,就令衙役执法,把舅舅结结实实地打了二十大板,然后又根据案情做了判处。

品质:领导力
榜样人物:乔布斯

乔布斯的领导力

苹果公司在乔布斯的领导下取得巨大成功,这与他的卓越领导力密不可分。无疑,乔布斯是当之无愧的魅力型领导,他巨大的个人魅力让消费者对他建立了极高的崇拜和忠诚。乔布斯是一位善于鼓动人心的领导,"活着就是为了改变世界""首领和跟风者的差别就在于创新"是他始终秉持的理念,他将这种理念传递给苹果公司的全部员工。他从未陷入自我猜忌的泥潭,把挫折视为生活的一部分,看成是人生必修的作业。他对困境和打击绝不害怕,从跌倒处爬起来,昂首再动身。他告诫人们,不要被教条所限,不要活在他人的观点里。他对自己所做的事件无比钟爱。他说:"成就一番伟业的唯一道路,就是酷爱自己的事业。"

品质：创造力

榜样人物：苏颂

富有创造力的苏颂

苏颂，今厦门同安城内人。苏颂自幼聪颖勤学，北宋庆历二年（1042），与王安石为同榜进士。苏颂一生最重要的贡献是他领导制造世界上最古老的天文钟水运仪象台，开启近代钟表擒纵器的先河。水运仪象台高三丈五尺六寸（约12米），宽二丈一尺见方（约7米），是一座上狭下广的木结构建筑。水运仪象台的上层是观测天体的浑仪，中层是演示天象的浑象，下层是使浑仪、浑象随天体运动而报时的机械装置。它兼有观测天体运行，演示天象变化以及随天象推移而有木人自动敲钟、击鼓、摇铃，准确报时的三种功用[①]。

品质：感恩

榜样人物：韩信

知恩图报的韩信

帮助汉高祖打天下的大将韩信，在未得志时，境况很是困苦。

[①] 苏颂.互动百科.http://www.baike.com/wiki/%E8%8B%8F%E9%A2%82.

那时候，他时常去城下钓鱼，希望碰着好运气，可以解决温饱。但是，这究竟不是可靠的办法，因此，时常要饿着肚子。幸而在他时常钓鱼的地方，有很多漂母（清洗丝棉絮或旧衣布的老婆婆）在河边做工，其中有一个漂母，很同情韩信的遭遇，便不断地救济他，给他饭吃。韩信在艰难困苦中，得到那位勤劳刻苦以双手勉强糊口的漂母的恩惠，很

是感激，便对她说，将来必定要重重地报答她。那漂母听了韩信的话，很是不高兴，表示并不希望韩信将来报答她。后来，韩信替刘邦立了不少功劳，被封为楚王，他想起从前曾受过漂母的恩惠，便命人送酒菜给她，还送给她黄金一千两来答谢她。这就是"一饭千金"成语的来历[①]。

品质：谨慎

榜样人物：诸葛亮

一生谨慎的诸葛亮

三国时期，蜀汉丞相诸葛亮北伐曹魏，名将魏延提出了著名的子午谷奇谋：魏延亲自率领五千精兵从子午谷快速赶到长安，一举拿下长安和潼关，而诸葛亮大军出斜谷进兵长安、潼关，两军异道

---

① 小时了了等45例成语故事.中学语文教育.http://www.teachercn.com/Zxyw/Zwsb/2006-2/9/20060108165826250_7.html.

会师于潼关。从当时来看,从子午谷进军,有很大的风险,因为如果有魏兵把守,分兵给魏延袭击长安,给的兵少了不足以成事,毕竟长安是关中第一军事重镇,给的多了,则兵力更少的诸葛亮在正面战场上很可能被击退。一旦诸葛亮被击退,则魏延即使把长安攻下来也无济于事,随时会被回援的魏军吃掉。如果诸葛亮据守险要等待魏延创造机会,那么魏军会用不多的兵力牵制住诸葛亮,转而先吃掉魏延,毕竟魏兵多而蜀兵少。一向谨慎的诸葛认为此计过于凶险且难以成功,故弃而不用。

品质:希望

榜样人物:甘布士

抓住希望

有一年的圣诞节前夕,一个美国青年想去纽约,妻子便去车站给他买票。车票已售完,妻子无奈地回家对他说:"很抱歉,没能买到票。售票员说有人退票的希望只有万分之一。"青年人听到妻子的话后,马上开始收拾行装准备出发。面对妻子不解的目光,他说:"我去碰碰运气,如果没有人退票,我就当是提着行李去散步了。"在车站里,他开始等待。开车前三分钟,终于有一位女士因为孩子生病而不能成行,他由此得到了退票,踏上了开往纽约的火车。

这个美国青年就是甘布士,他凭着抓住生命中每一个看似渺茫的希望这个信念,最终成为美国百货业巨子。在谈起自己成功的感悟时他说:"我之所以成功,就是因为我抓住了万分之一的希望。别人以为我是傻瓜,其实这正是我与众不同的地方①。"

品质:开放思想
榜样人物:邓小平

邓小平的改革开放思想

邓小平是中国特色社会主义的开创者,改革开放的总设计师。在开辟改革开放的伟大道路过程中,邓小平在具有统领全局的三件大事上,起了决定性作用。第一件大事:发动和领导真理标准大讨论。第二件大事:支持农村改革,实行家庭联产承包责任制,废除人民公社制度。第三件大事:倡导兴办经济特区,推动形成全国对外开放格局。他在南方谈话中指出:"改革开放胆子要大一些,敢于试验,不能像小脚女人一样。看准了的,就大胆地试,大胆地闯。"正是

---

①话题作文思路与素材一(生命、财富、希望、家).个人图书馆.http://www.360doc.com/content/11/0923/12/7071975_150604859.shtml.

一次次思想大解放,成功扫除了改革开放道路上的一道道思想障碍,使我国经济社会发展不断获得新的活力和动力,创造了我国经济社会快速持续发展的大好局面。

品质:审美

榜样人物:断臂维纳斯

最美的雕像——断臂维纳斯

断臂的维纳斯雕像从被发现的第一天起,就被公认为是迄今为止希腊女性雕像中最美的一尊。她身材端庄秀丽,肌肤丰腴,美丽的椭圆型面庞,希腊式挺直的鼻梁,平坦的前额和丰满的下巴,平静的面容,流露出希腊雕塑艺术鼎盛时期沿袭下来的理想化传统。她的嘴角上略带笑容,却含而不露,给人以矜持而富有智慧的感觉。尤其令人惊奇的是,她的双臂虽然已经残断,但那雕刻得栩栩如生的身躯,仍然给人以浑然完美之感,以至于后世的雕刻家们在竞相制作复原双臂的复制品后,都有一种画蛇添足之感。整尊雕像无论从任何角度欣赏,都能发现某种统一而独特的美[①]。

---

① 冯珍.论装置艺术的符号特征及其审美趣向.互联网论文库,2015.

五、评价特点

（一）发展性

"为我点赞"评价体系的评价内容指向学生的德智体全面发展，摒弃甄别和选拔功能，采用个体内差异评价法，学生与自己的过去进行纵向比较。评价关注的是学生的发展过程，充分发挥评价促进发展的功能。

（二）生活化

吸取以往评价模式脱离学生生活实际的教训，"为我点赞"评价体系力求深入学生的生活：评价内容覆盖学生家、校、社生活范围；对评价内容进行儿童化解释，便于学生理解；贴近学生生活实际，对学生的品质发展具有具体明确的指导性作用；评价是学生小学生活的重要内容，学生参与到评价工具的选择与设计、评价规则的制订及评价实施的全过程。

（三）形象化

在评价工具的选择设计上，我们通过问卷调查的方法，选取师生、家长心中最能代表各项积极品质的动物及人物，为每一只动物设计学生喜爱的、个性化的卡通形象和名字，并制成点赞卡、点赞偶像。

将评价内容转化为实物,形象化、直观化,深得学生喜爱,有效激发了学生主动参与评价的积极性。

(四)趣味性

"为我点赞"评价体系以可爱的动物形象吸引了学生的兴趣和注意,评价过程中采用晋级制则让评价充满了趣味性和挑战性。学生亲手记载点赞手记、荣登点赞榜、偶像榜等,参与评价的过程真实有趣。

(五)个性化

学生不再被动接受评价,每个学生都可根据自身优势潜能,自主选择优先、重点发展的品质。也可以自主向评价主体提出考察要求,自我记录品质发展过程,自主选择附加奖励方式。每一个人品质发展过程都有自己的故事,品质发展的水平、速度都可以根据自身的发展调节。

(六)开放性

学生获得点赞卡时,可悬挂于书包上,班级的点赞榜上实时更新记录,获得超级偶像时,也将在学校的偶像榜上展出,学生参与评价过程,随时可以了解自己及其他同学的发展动态,评价的过程是开放式的。

(七)评价主体多元化

由班主任、学科老师、社团外聘老师、家长、保洁员、保安和活动的工作人员等构成评价主体,核心是班主任及学科老师。

六、评价工具

评价工具主要有点赞卡、点赞榜、超级偶像、点赞手记、附加奖励卡。

（一）点赞卡

我们用 24 种动物形象制成可悬挂的卡片，外形是点赞手势的彩色塑料卡片，正面是最能代表这 24 种品质的可爱动物形象及学生取的名字，背后是它所代表的品质的儿童化解读，我们赋予这种精美的卡片一个可爱的名字——点赞卡。

（二）点赞榜

我们在班级设置学生获得点赞卡的记录榜，即点赞榜。及时记录学生在课堂、课余活动、课外生活中获得的各种点赞卡数量及其变化。点赞榜也可结合班级内部评价规则，同步记录学生点赞印章的积累过程。

（三）超级偶像

将 24 种代表动物制成高 12 厘米的可悬挂绒布玩偶，我们称之为超级偶像。当学生获得 10 个点赞卡时，就可以兑换一只超级偶像。

（四）偶像榜

每一个获得超级偶像的同学，学校将为其和偶像合影留念，并制成电子相册，于学校彩屏宣传栏循环播放。学校采用信息化手段记录评价主体点赞卡分配情况、学生获得点赞卡和超级偶像情况，自动生成数据分析结果，对学生的品质发展情况进行信息化管理，进一步实现评价的发展及管理功能。

为我留下你的赞

评价体系的功能最通过各评价主体，包括教师、家长等的评价促进学生积极心理品质的发展!

为我点赞 我要成为"超级偶像"

积分品牌有24种，评价方式贯穿学生在学习生活中，某一品质表现突出且稳定，评价主体就会授予他点赞卡，当学生累积10张点赞卡后，可兑换一只玩偶——超级偶像

继续发展 获得剩余12张点赞卡

然后你要继续发展余下的12项品质，做一个全面发展的学生!

自主管理体系

快速登录点赞管理

让孩子健康成长！

学生心得体会　　教师班级管理　　家长家教感受

学生登录　　教师登录　　家长登录

点赞编辑部　　点赞论坛
Thumb up editorial　　Thumb up BBS

超级偶像榜

黎香4年级 3班 获得超级偶像

黎香

点赞榜

全校学生获得点赞号排行榜，看看有没有你~

Amy 智薇　Joanna 张子程　Cary 朱程程　Zachary 张琳　Judy 毛程　Lily 蔡晗

LEARNING ENVIRONMENT
教学环境

饭堂大楼　学校校门　心理健康教育中心　心理室

43

「获得更多点赞卡 成为"超级偶像"」

课堂学习 课余活动 课外生活

积攒"小福利"

「集齐12只"超级偶像"有礼品相赠」

"超级偶像"的积攒心得体会

成为超级偶像的背后小故事

刘欣　五年级一班

积攒心得体会：在课堂上认真听讲，积极回答老师的问题，使我的成绩有了很大的成果。课余生活我会读一些课外书，从书中我懂了很多好听的词语。因此也提高了我的阅读能力，和思维理解能力。使我的写作水平得到了很大的提升。

老师评价：
上课认真听讲，做事认真负责，乐于助人，爱思考，爱钻研。

王志强　四年级三班

积攒心得体会：课余时光帮助爱帮助的同学，班里的同学都特别喜欢我，在帮助别人的同时，自己也会变的开心。课外我还会参加一下兴趣者活动，去照顾一下爱爱帮助的老人，和参加一些社会公益活动。

同学评价：
乐于助人，主动帮助功课有困难的同学解答问题，性格开朗，我们都很喜欢王志强。

刘伟　三年级五班

积攒心得体会：我特别喜欢读课外书，参考时会自告一些课外读物。看到好玩的地方会跟同学和爸爸妈妈分享，让我觉得很开心。同时我也知道了更多知识，理解能力和语文表达能力也有了很大的提高。在今年学校的作文比赛中拿到了第一名的好成绩。

家长评价：
爱看书，喜欢肯读，有时会要我分享一些他在书中看到的一些知识和好玩的事情，使我跟孩子共同进步！

张艺轩　六年级一班

积攒心得体会：课余时光会去得一下公益活动，例如小鸟祭堂，去敬老院陪陪老人等，看到他们开心，自己也会觉的开心起来。平时在家会主动帮助妈妈的洗碗拖地，这样的生活让我感觉很充实。

老师评价：
热心、积极、有一颗美丽的心，性格开朗、善良，希望你以后可以变得更好！

刘明轩　六年级四班

积攒心得体会：喜欢团体活动，学校组织的活动我都会参加，感觉集体合作共同辨备目标很语的感觉特别棒！我很喜欢体育课打蓝球和跑步，早晨会跟爸爸一起高岛，呼吸早晨清新的空气。

同学评价：
会主动帮助同学上体育课，整队、喊口号，遇到跟不上队伍的同学会主动帮助扶持。

杨雪晴　四年级三班

积攒心得体会：我喜欢画画，我时在课余时间帮我提升了美术课，积极参与超级果板票的快乐，班里有活动节目时会帮助老师布置教室和打扫卫生。

老师评价：
上课认真听讲，做事认真负责，乐于助人，爱思考，爱钻研。

关于我们　新闻资讯　友情链接　全国热线：0592-7370202

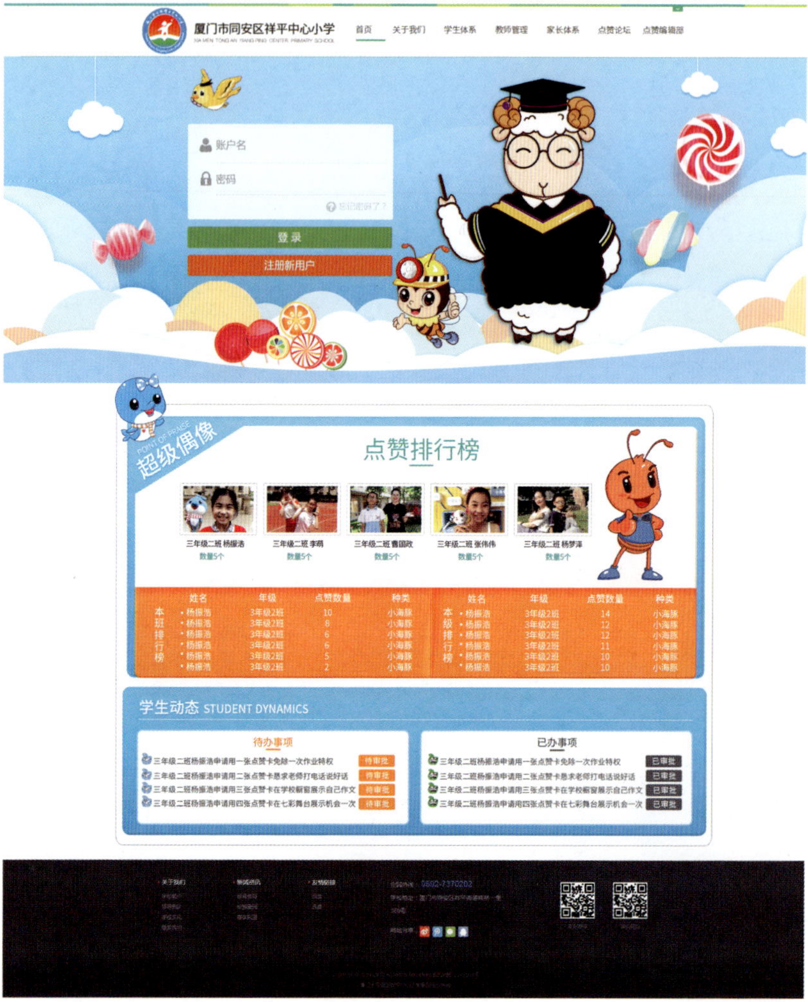
厦门市同安区祥平中心小学
首页
关于我们
学生体系
教师管理
家长体系
点赞论坛
点赞编辑部
账户名
密码
登录
注册新用户
超级偶像
点赞排行榜
三年级二班 杨振浩
数量5个
三年级二班 李萌
数量5个
三年级二班 曹国政
数量5个
三年级二班 张伟伟
数量5个
三年级二班 杨梦泽
数量5个
本班排行榜
姓名 年级 点赞数量 种类
杨振浩 3年级2班 10 小海豚
杨振浩 3年级2班 8 小海豚
杨振浩 3年级2班 6 小海豚
杨振浩 3年级2班 6 小海豚
杨振浩 3年级2班 5 小海豚
杨振浩 3年级2班 2 小海豚
本级排行榜
姓名 年级 点赞数量 种类
杨振浩 3年级2班 14 小海豚
杨振浩 3年级2班 12 小海豚
杨振浩 3年级2班 12 小海豚
杨振浩 3年级2班 11 小海豚
杨振浩 3年级2班 10 小海豚
杨振浩 3年级2班 10 小海豚
学生动态 STUDENT DYNAMICS
待办事项
三年级二班杨振浩申请用一张点赞卡免除一次作业特权 待审批
三年级二班杨振浩申请用二张点赞卡恳求老师打电话说好话 待审批
三年级二班杨振浩申请用三张点赞卡在学校橱窗展示自己作文 待审批
三年级二班杨振浩申请用四张点赞卡在七彩舞台展示机会一次 待审批
已办事项
三年级二班杨振浩申请用一张点赞卡免除一次作业特权 已审批
三年级二班杨振浩申请用二张点赞卡恳求老师打电话说好话 已审批
三年级二班杨振浩申请用三张点赞卡在学校橱窗展示自己作文 已审批
三年级二班杨振浩申请用四张点赞卡在七彩舞台展示机会一次 已审批

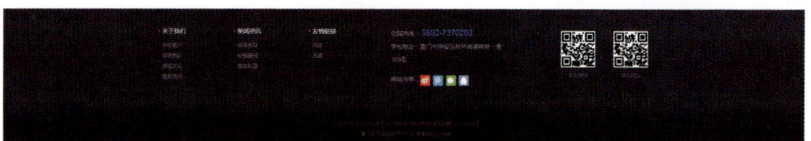

（五）附加奖励券

当学生获得不同数量的点赞卡或超级偶像时，可利用附加奖励券——点赞动车票自选附加性奖励，激发学生集赞的乐趣，让学生获得积极体验。

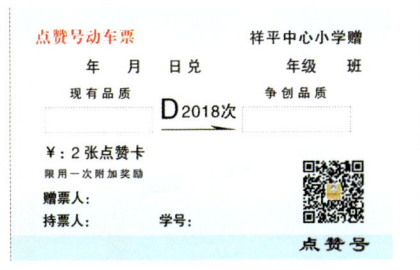

点赞动车票正面　　　　　　点赞动车票背面

（六）点赞手记

学生人手一册点赞手记，里面包含"我的档案""我的三维指数"等个人信息，可以随时自主记录自己获得点赞卡、超级偶像的历程和心理体验。

为我点赞

我的档案

我的名字：　　　　　我的生日：

我的生肖：　　　　　我的性别：

我的家乡：

我的入学时间：

我住在：

我的联系电话：

我的三维指数

项目	一年级		二年级		三年级		四年级		五年级		六年级	
身高(cm)												
体重(kg)												
视力	左	右	左	右	左	右	左	右	左	右	左	右

为我点赞

我上一年级了……

把你的画像贴在这里面吧！可以相片也可以手绘哦！

我的感言：_____

上一年级了，你有什么新希望，把它写下来吧！

一年级全家福

把一年级的集体照贴在这里吧！记住每个同学灿烂的笑脸！

我的老师、朋友真不少，我在这个幸福温暖的大家庭快乐成长！

我的班主任：　　　　我的语文老师：
我的数学老师：　　　我的英语老师：
我的美术老师：　　　我的心理老师：
我的品德老师：　　　我的音乐老师：
我的体育老师：　　　我的科学老师：

04

49

点赞手记

超级偶像记录榜：

把你获得的超级偶像贴在这里吧！

你已获得1只超级偶像	还有11只！	还有10只！	还有9只！
还有8只！	还有7只！	还有6只！	还有5只！
还有4只！	还有3只！	还有2只！	还有1只！

我的心愿：

每达到一个"超级偶像"目标，相信你都有所收获，快把它记录下来吧！

七、评价流程

（一）评价流程图

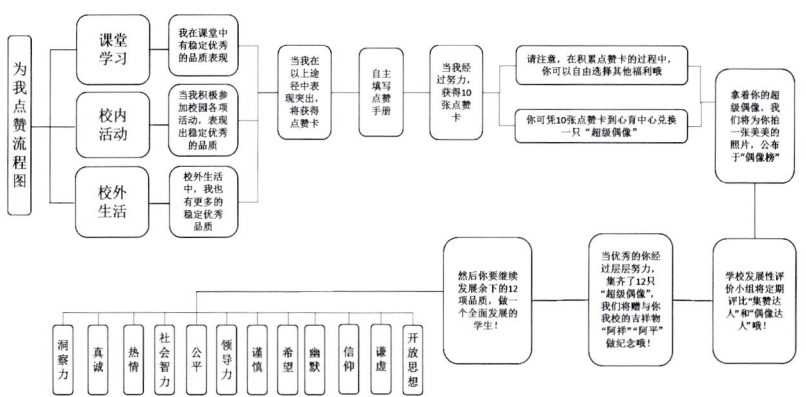

（二）分层评价

根据小学生年龄特征和心理发展特点，结合网络问卷调查结果，经多方论证，我们将 24 项核心品质分为两个发展阶段，引导学生优先发展第一阶段的 12 项品质，评价时优先关注学生第一阶段的品质发展，当学生完成第一阶段的品质发展后，引导学生继续发展第二阶段的 12 项品质。

八、评价奖罚

（一）奖励方法：二级制 + 过程激励

一级的激励物为点赞卡；二级的激励物为超级偶像。过程激励包括点赞手记、点赞榜和附加奖励。

（二）附加奖励方法：点赞号动车票

1. 奖励目的。点赞号动车票是小学生发展性评价体系的附加奖励卡，在学生获得点赞卡的过程中给予多种自选性奖励，激发学生集赞的乐趣。

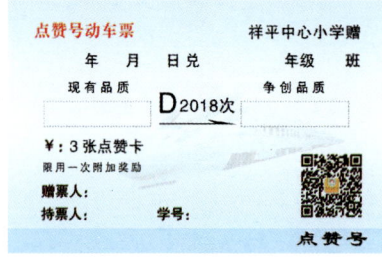

一级点赞号动车票正面

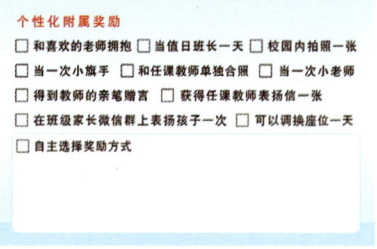

一级点赞号动车票背面

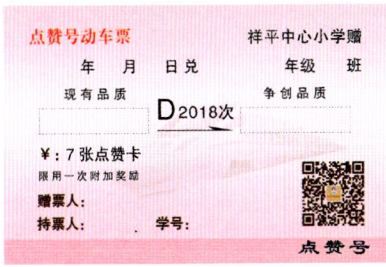 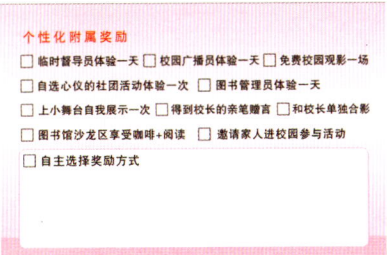

二级点赞号动车票正面　　　　二级点赞号动车票背面

2. 内容说明。

（1）现有品质指学生在课堂学习、课余活动、课外生活中表现出的优秀品质（已获得点赞卡的相应品质），争创品质指学生下一阶段有意识争取发展的品质（即还未获得其他点赞卡相应的品质）。

（2）赠票人：填写评价者姓名。

（3）持票人：填写学生姓名。

（4）个性化附属奖励：学生可以自己勾选心仪的奖励或者在白色框"自主选择奖励方式"填写其他奖励。

3. 使用说明。

（1）根据学生获得的点赞卡数量，可兑换相应的一次附加奖励。根据学生积累的点赞卡数分成两个级别，积累3张点赞卡获得一级蓝色点赞号动车票；积累7张点赞卡获得二级粉色点赞号动车票。

（2）附加奖励可以由学生向班科任老师、段长、少年队、德育科等提出申请，也可由评价者赠予。

（3）兑换过的点赞卡和点赞号动车票统一打孔做兑换凭证。可以这样兑换：

例1. 当学生已获得两张点赞卡，可以任选心仪的附加奖励。

①和喜欢的老师拥抱。

②当值日班长一天。

③校园内拍照一张。

④当一次小旗手。

⑤获得任课教师表扬信一张。

⑥得到教师的亲笔赠言。

⑦和任课教师单独合照。

⑧在班级家长微信群上表扬孩子一次。

⑨可以调换座位一天。

⑩当一次小老师。

……

例2. 当学生已获得4张点赞卡,可以任选心仪的附加奖励。

①临时督导员体验一天。

②校园广播员体验一天。

③自选心仪的社团活动体验一次。

④免费校园观影一场。

⑤图书管理员体验一天。

⑥上小舞台自我展示一次。

⑦邀请家人进校园参与活动。

⑧图书馆沙龙区享受"咖啡+阅读"。

⑨得到校长的亲笔赠言。

⑩和校长单独合影。

……

九、评价途径

（一）课堂学习

这是学生在课堂学习中表现出来的品质评价。在各学科的课堂教学中，学习任务完成情况与学习成绩不再是教师对学生评价的唯一标准，每位教师根据学科特点制订细化实施方案，通过有意识地观察和分析，如果学生有符合点赞卡内容的稳定性品质表现，则授予相应的点赞卡。每位教师根据本学科特点领取不同类型的点赞卡，每学期持有的点赞卡数约等同于课时的三分之一，平均三节课可使用一张点赞卡。

（二）课余表现

这是学生在课余活动中表现出来的品质评价。我们鼓励学生参与各项校园活动，如运动会、读书节等，根据学生在活动过程中的表现，发现学生体现的优秀品质，少先队辅导员、年段长、保洁员、保安和临时性活动主持人等，根据自身工作特点和工作性质制订细化评价方案，在与学生互动过程中关注学生的优秀品质表现，及时为其颁发相对应的点赞卡，进而激发学生在学校及家庭生活中更为全面地发展。

(三)校外生活

这是学生在校外生活中表现出来的品质评价。校外生活评价内容主要以家庭生活为核心点衍射到社会生活,家长制订细化评价方案,有意识地跟踪孩子的成长轨迹,特别是孩子的每一个成长节点,帮助孩子填写记录表,留下可视化的印记。如孩子在家庭生活、社会活动或特殊的节日里,学雷锋活动月、母亲节、端午节等,发现孩子有符合点赞卡内容的优秀品质,并具有一定的稳定性,作为评价主体的家长可以适时向班主任提出申请点赞卡,由班主任审核反馈授予点赞卡或是提出成长建议。

十、细化评价范例

小学生积极品质发展评价之教师操作范例1

根据低年级学生年龄特征和心理特点,结合班主任工作及语文等学科教学的特点,在学校"为我点赞"——小学生积极品质发展评价体系的基础上,制订了本班点赞卡发放的操作模式,有积分制和奖励制两种评价方法。

一、积分制

在祥平中心小学,每个班级都有属于自己的富有创意的班名,我们班叫"向阳班",寓意着孩子们能心向阳光,茁壮成长。因此,我以"向阳花"为主题,结合教学实际和学科特点,设立了不同的点赞花及积分兑换点赞卡的方式。下面例举几种积分集赞形式。

(一)阅读花集赞

1.阅读花图形。

2.阅读花集赞规则。学生每阅读完一本课外书,并能简述书中的大概内容或喜欢的人物品质,就能在阅读花的一片花瓣上涂上自己喜欢的颜色。集满12片花瓣就能获得

一枚"蜗牛健将"点赞卡，肯定其坚持阅读的品质。

（二）写作花集赞

1. 写作花图形。

2. 写作花集赞规则。学生每获得一篇优秀等级的写话就能在写作花的一片花瓣上涂上自己喜欢的颜色。当集满12片花瓣即可获得一枚"智多星"点赞卡。

（三）练习花集赞

1. 练习花图形。

2. 练习花集赞规则。学生课内外练习中，每得一次100分，就能在练习花的一片花瓣上涂上自己喜欢的颜色。集满12片花瓣即可获得一枚"羊博士"点赞卡。

（四）念恩花集赞

1. 念恩花图形。

2. 念恩花集赞规则。学生在家坚持较长时间做力所能及的事，如给爸妈捶捶背、倒杯温水等，父母就会为他在念恩花的一片花瓣上涂上颜色。集满12片花瓣就能获得一枚"念恩雀"点赞卡，并于班队课上邀请父母到校亲自为其颁发点赞卡。

（五）机会卡

1. 机会卡图示。

2. 机会卡使用说明。获得点赞卡的小朋友,除了能兑换学校的奖励之外,还有机会挑选自己喜爱的机会卡,可以选择当一日小班长或调换一次座位等。同时,每一枚点赞卡代表 10 元的班级币,还能在班级超市进行礼品兑换。

(六)点赞榜

1. 点赞榜图示。

姓 名	向阳花开,努力前行	收获

2. 点赞榜使用说明。点赞榜分为三部分：姓名、积累过程及收获展示。积累过程即学生在学习生活过程中，表现优异即可在"向阳花开，努力前行"一栏中盖上一个"大拇指"印章，积累到12个，就能在收获栏上，盖上相应品质的点赞印章，表示他获得了点赞卡。此外，学生也可通过积累点赞花兑换到点赞卡后，在收获栏上盖上相应的点赞印章，表示他获得了点赞卡。点赞榜一目了然地展示了孩子们进步与成长的足迹，榜样示范，形成了互相学习、共同进步的良好氛围。

二、奖励制

为了鼓励孩子们在各级各类比赛中挑战自我，激发潜能，展现风采，我班还依据不同级别比赛的难度，按照低年级学生的实际发展水平，为学生设立了奖励制的评价方法。

1. 期中及期末质量检测中，取得优异成绩即可获得一枚点赞卡。

2. 参加校级比赛，荣获一等奖，可获一枚点赞卡。

3. 参加区级比赛并荣获一等奖可获两枚点赞卡；荣获二、三等奖，可获一枚点赞卡。

4. 参加市级比赛并荣获一等奖可获三枚点赞卡；荣获二、三等奖，可获两枚点赞卡。

5. 参加国家级比赛并荣获一等奖可获五枚点赞卡；荣获二、三等奖，可获三枚点赞卡。

小学生积极品质发展评价之班主任操作范例2

基于学校学生发展性评价体系，在学生发展评价实施中，班主任如何有效使用点赞卡评价方式？我的做法主要是量化管理，分为三步，即制订规则——积累印章——颁发点赞卡。

第一步：制订规则。

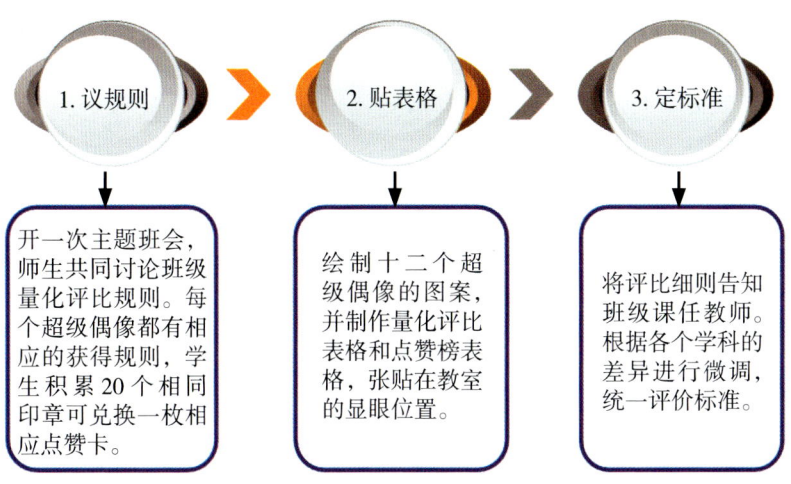

学生量化评价表

学生量化评价表			
级别	一等奖	二等奖	三等奖
校级比赛	印章5个	印章3个	印章2个
学区级比赛	印章8个	印章5个	印章3个
区级比赛	印章10个	印章8个	印章5个
市级比赛	点赞卡1枚、奖品若干	点赞卡1枚、奖品若干	点赞卡1枚、奖品若干
省级及以上比赛	点赞卡1枚、印章10个		

学生表现性评价表

"为我点赞"学生表现性评价表			
序号	优秀品质	代表偶像	评价标准	点赞印章
1	团队精神	蚂蚁家族	每节课班级小组竞赛组员积极发言,课堂常规好	第一名得2个印章 第二名得1个印章
			每周小组卫生评比(桌椅整齐、桌椅下面无纸屑杂物)	
2	爱	小海豚	有人受伤,能主动进行救助	得1个印章
			助人为乐,帮助同学解决困难(如借书、借文具等)	得1个印章
3	热爱学习	羊博士	上课认真学习,积极发言,一节课起立发言达3次以上	得1个印章
			热爱阅读,善于思考,阅读树树叶累计达到10片	得1个印章
			成绩优秀,每次测试得100分或进步较大	得1个印章
4	勇敢	战天鸥	敢于在公众场合大声朗读、动情歌唱、展现自我魅力	得1个印章
			积极参加活动,并认真做准备(如班队活动、读书会、才艺展示等)	得1个印章

5	好奇心	喵小奇	上课大胆质疑，提出有创意的想法，得到老师和同学的认可	得1个印章
			对新鲜事物有积极探索的热情，发现生活中不一样的美	得1个印章
6	坚持	蜗牛健将	每天坚持按时到校，不迟到，不早退	坚持一个月，得1个印章
			每天坚持规范佩戴红领巾，保持红领巾干净整洁	坚持一个月，得1个印章
			每天坚持订正作业，及时找老师批改	坚持一个月，得1个印章
7	友善	大熊猫	能够文明调解同学间的矛盾，化解班级纠纷	得1个印章
			懂得用语言和肢体动作赞美别人，对每个同学都能微笑	得1个印章
8	审美	孔雀公主	作业书写工整，得5次3星加笑脸	得1个印章
			绘制小报、制作手工效果好	得2个印章
9	宽容	大度牛	对待同学间的矛盾能够大度宽容，受了委屈能够积极面对	得1个印章
			性格乐观，积极向上。遇到问题不哭泣	得1个印章

10	创造力	智多猩	阅读竞赛、书写比赛、写话竞赛等活动中表现突出	得1个印章
			能够凭借自己的能力解决问题	得1个印章
11	自律	小工蜂	早读、午休期间自律性强,表现突出	得1个印章
			能够合理安排自己的作息时间,做事有计划	得1个印章
12	感恩	念恩雀	能够积极主动向老师问好,有礼貌	得1个印章
			对帮助过自己的人给予感谢	得1个印章

第二步：积累印章。

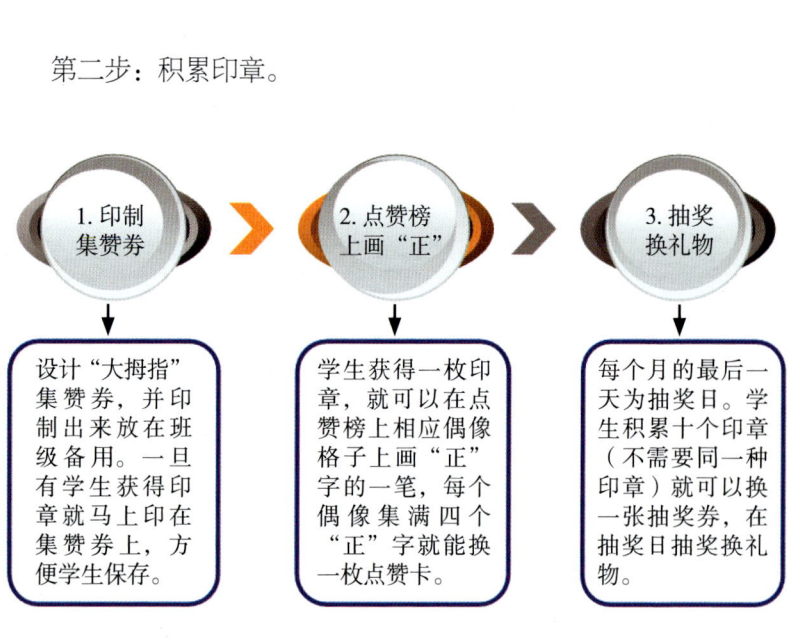

集赞券图示:

点赞榜图示:

点赞榜

品质 印章 姓名										点赞卡
张三	正			一						

第三步:颁发点赞卡。

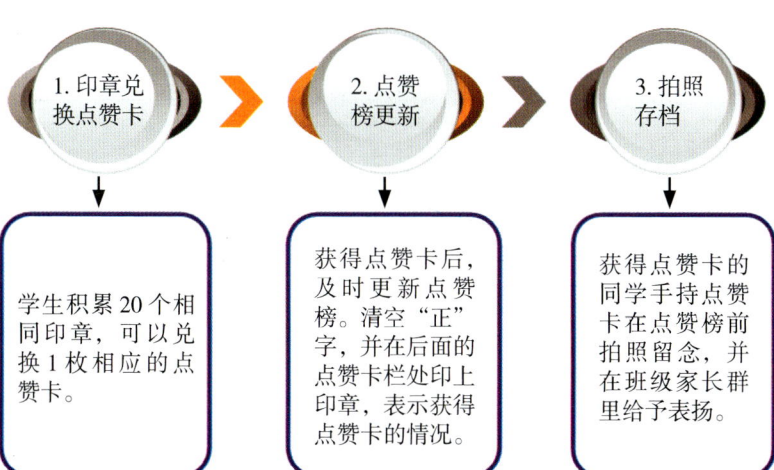

班主任细化点赞评价流程图示：

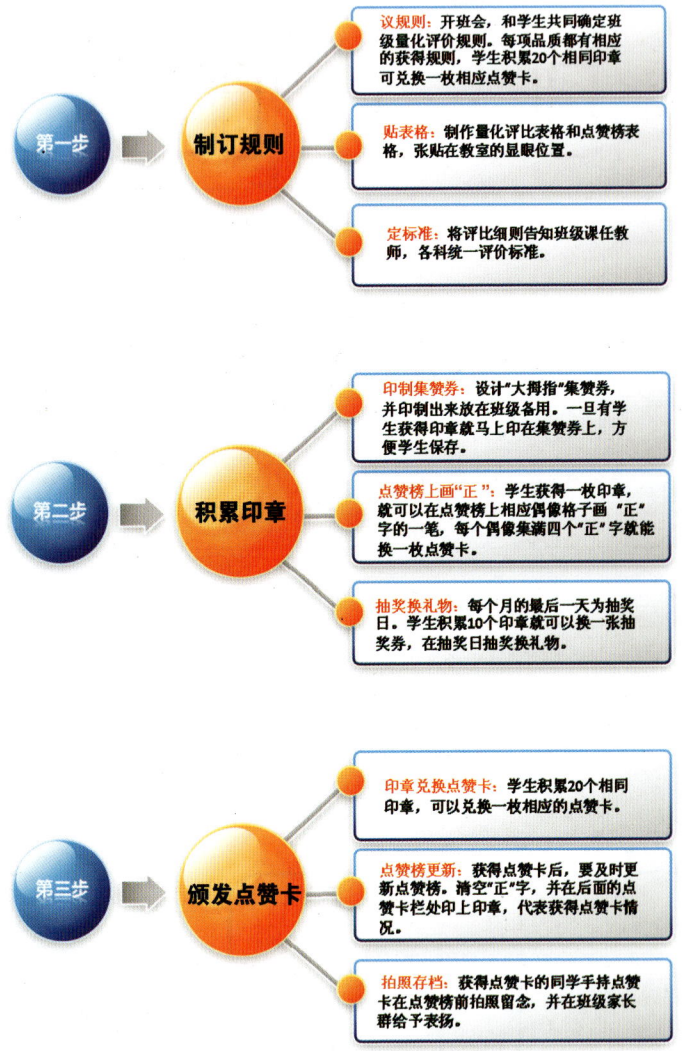

小学生积极品质发展评价之教师操作范例3

我所在班级在构建发展性评价体系细则的过程中，主要是采用集赞章和点赞卡来评价学生品质发展状况。按照该体系的评价原则，要颁发给学生某个点赞卡，此学生必须相对稳定地具备这一品质。但是这个不太好评判，因为要评价学生是否真正具备这个品质，需要一定时间的观察和验证，评价者要保持密切关注，发现学生确实稳定地具有这一品质，才颁发相应品质的点赞卡。但是实际应用中，由于种种原因，比如评价者跟进不到位，学生的行为表现不限于学校之中，无法公正客观地对学生进行点赞评价，弱化了点赞卡的促进作用。此时，就需要一种积累性的过程评价形式——集赞章，通过积累集赞章换取点赞卡，记录学生品质发展轨迹。具体流程如下。

一、准备工作

1.学年初，给每个学生发一张集赞表，用A4纸双面打印，设置成表格，标上序号（24个印章换1张点赞卡）。

2. 评价者备好一套点赞印章、点赞印章小卡片。

点赞印章

点赞印章小卡片
（艺体科老师可用此小卡片颁发给学生）

3. 班级张贴一张汇总表，及时公示、宣传。

班级点赞印章汇总表

二、评价项目

（一）学业评价

1. 学业成绩评价。

（1）学业成绩优秀，每次质量检测成绩达到优秀等级，获得三个印章，成绩达到良好者，获得一个印章。

（2）成绩进步者，越过一个等级，获得两个印章。

以上两种情况,该颁发给学生哪种点赞印章我们让学生自主选择。学生自我评价具有哪一方面的品质,就申报相应的点赞印章。比如学生认为学习优秀,就可以获得"羊博士"印章;有的认为自己勤于思考,可以获得"智多猩"点赞印章;而有的认为自己最近能管好自己,自觉学习了,才取得巨大进步,就可以获得"小工蜂"自律印章等。

2. 作业评价。

(1)平时作业。

个人平时具有如下表现,即可获得点赞章:进步明显获得1个印章;书写工整、美观获得1个印章;作业全对获得1个印章……。印章选择:"羊博士""喵小奇""智多猩"等。

由老师随机抽查发给点赞章,不定时、不定人,例如今天检查第一组,符合以上条件的就可以获得点赞章,后天检查全班同学的某一项作业,符合要求的可以盖点赞印章。

(2)社会实践。

积极参与社会实践,撰写实践报告可获得2个印章。印章选择:"羊博士""喵小奇""智多猩""蜗牛健将""蚂蚁家族"等。

(3)研究性学习。

积极参与课内外研究性学习,并取得一定成果,可获得2个印章。印章选择:"羊博士""喵小奇""智多猩""蜗牛健将""蚂蚁家族"等。

3. 课堂表现评价。

积极上台表演、讲解,当小老师讲评作业,精彩发言等可获得"战天鸥""蚂蚁家族"等点赞印章1个。

（二）品行评价

1. 遵守纪律。

连续一周没有违反学校、班级纪律，可获得"小工蜂""蜗牛健将"等点赞印章1个。

2. 服务他人。

（1）课后当小老师帮助同学辅导学习，可获得"小海豚""大熊猫""羊博士""蚂蚁家族"等印章1个。

（2）有助人行为者可获得"小海豚""小工蜂"等印章1个。

（3）参加志愿者服务，可获得"小海豚""蚂蚁家族""念恩雀"等印章1个。

（4）入选学校督导队，可获得"蚂蚁家族""小工蜂"等印章1个。

3. 学校活动。

（1）德育活动表现。

参加"班班足球赛""班班有歌声""心理剧"比赛、心理漫画、"手语舞"比赛、"小歌手"比赛、书法比赛、象棋比赛、"可爱生肖"创作比赛等，积极参加元宵节、学雷锋月、妇女节、植树节、读书节、劳动节、艺术节、六一节等重大节日、纪念日等活动（如绘制手抄报、撰写读书征文、表演课本剧等）、学校运动会等，皆可获得相应的点赞印章1个，如有获奖（三等奖及以上），可再获得2个相应的点赞印章。

参加班级国旗下讲话、主持、表演等主动登上学校舞台展示者，可获得"战天鸥""蚂蚁家族"等点赞印章3个。

（2）竞赛活动表现。

汉字记忆大赛、汉字听写大赛、"24点"速算比赛、语文阅读比赛、"小小外交官"英语口语比赛等,皆可获得相应的点赞印章1个,如有获奖者(三等奖及以上),可再获得2个相应的点赞印章。

4. 在家表现。

一周帮忙做家务3次以上、关心家人、主动看书、自觉完成家庭作业、尊敬长辈等,可获得1个"念恩雀""羊博士""大度牛""蜗牛健将""小海豚""大熊猫"等相应的点赞印章。

此评价权交给家长,让家长也参与评价体系中。每学期开学初,给每个学生家长分发一套点赞印章小卡片(12张),让家长学习评价标准,当孩子具有这些优秀品质时,家长就把孩子获得的点赞印章小卡片黏贴在集赞表格中,并签上家长姓名。当某种卡片用完,学生凭集赞表所黏贴的小卡片,找班主任申请一张同品质小卡片,带回家交给家长。

备注:学生可以凭艺体科老师奖励的点赞印章小卡片,找班主任换取点赞印章,班主任及时收回学生点赞印章小卡片。

三、授卡方式

1. 以章换卡式。

学生每集齐24个点赞印章时,就可以找班主任换取相应的点赞卡(哪种品质的点赞印章最多就换取哪种点赞卡),并把每周的点赞印章获得情况记录在班级点赞榜,及时公布点赞情况。

兑换点赞卡要及时,要在全班同学面前颁发点赞卡,并由学生介绍本周期24个印章的来源,榜样示范,互相激励。

2. "点赞卡"直通车。

有以下情况可以直接获取相应的点赞卡。

(1)为学校获得荣誉奖项:代表学校参加同安区及以上级别的

各种活动、比赛，获得一等奖及以上，可获取相应品质的点赞卡1张。

（2）半学期以来，学业成绩一直稳定地处于优秀行列者，可获得"羊博士""蜗牛健将"等点赞卡1张。

（3）半学期以来，和同学"一对一"结对子建立帮扶并取得明显进步，可获得"羊博士""蚂蚁家族"等1张点赞卡。

四、点赞流程图

少年向上，为我点赞——集赞表1

时间：_____ 班级：_____ 姓名：_____ 学号：_____

1	2	3	4	5	6	7	8	9	10
11	12	13	14	15	16	17	18	19	20
21	22	23	24 棒！恭喜获得第一张点赞卡	25	26	27	28	29	30
31	32	33	34	35	36	37	38	39	40
41	42	43	44	45	46	47	48 棒₂	49	50
51	52	53	54	55	56	57	58	59	60
61	62	63	64	65	66	67	68	69	70
71	72 棒₃	73	74	75	76	77	78	79	80
81	82	83	84	85	86	87	88	89	90

少年向上，为我点赞——点赞表2

时间：_____ 班级：_____ 姓名：_____ 学号：_____

	91	92	93	94	95	96 棒	97	98	99	100
	101	102	103	104	105	106	107	108	109	110
	111	112	113	114	115	116	117	118	119	120 棒₅
	121	122	123	124	125	126	127	128	129	130
	131	132	133	134	135	136	137	138	139	140
	141	142	143	144 棒₆	145	146	147	148	149	150
	151	152	153	154	155	156	157	158	159	160
	161	162	163	164	165	166	167	168 棒₇	169	170
	171	172	173	174	175	176	177	178	179	180

备注：每个格子盖一个点赞印章，满24个换取一张点赞卡。表格中有备注"棒"字的表示可换取点赞卡，"棒"字右下角的数字代表学生获得点赞卡的数量。

小学生积极品质发展评价之家长操作范例4

家庭是孩子成长的摇篮，家长是孩子成长的第一任老师。家庭教育在塑造儿童健康成长过程中具有不可或缺的重要作用。每个孩子都是不断发展的个体，他们的一举一动，一言一行，或多或少都呈现出其成长状态。家长应该有意识地跟踪孩子的成长轨迹，记录孩子的发展过程，特别是孩子的每一个成长节点，并帮助他们留下可视化的印记。学校的发展性评价体系就为记录家庭教育的过程提供一个良好的平台。在孩子的优秀品质不断积累发展，具有一定的稳定性（累积获得 100 颗★）之后，家长可以向班主任申请为获得星星最多的对应品质点赞，并由班主任审定发放点赞卡或提出成长建议。

一、主要步骤

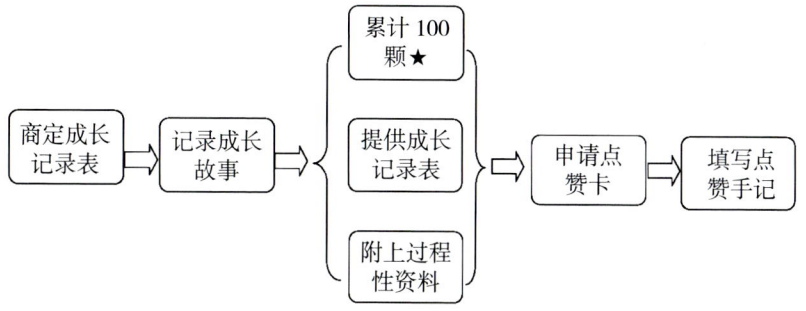

二、操作流程（以"念恩雀"感恩点赞卡为例）

（一）成长记录

坚持每日记录，每张记录表可记录 1 周。根据孩子每天的表现情况，评价分为三种情况。

1. 表现优秀或进步，奖励得★。根据孩子表现情况，有的可以奖励 1 颗★；有的可以奖励 2 颗★；有的表现特别优秀也可以兼得，但每天评价最多奖励 3 颗★。

说明：《成长记录评星参照表》里"奖励 1 颗★"一栏所列举的事情，如果孩子做得很好，也可以直接升级，奖励 2 颗★。

2. 表现一般，刚好合格，不得★，也不扣★。

3. 行为表现不符合相对应品质的要求，比如哭闹耍脾气，磨蹭不积极，提出不合理的要求或条件……根据孩子表现情况，有时候可以惩罚摘掉 1 颗★；有时候可以惩罚摘掉 2 颗★；但每天最多惩罚摘掉 3 颗★。

成长记录评星参照表

品质	奖励1颗★	奖励2颗★	惩罚摘星
蚂蚁家族（团队精神）	家庭大扫除、亲子阅读、家庭美食、娱乐时间等，孩子积极参与。孩子每天认真完成2件以上或同一件事做2次以上就可以得1颗★。	外出旅游、家族聚会、朋友聚餐等，整个过程孩子积极参与，认真协助家长，主动谦让、帮助小伙伴。	行为表现不符合相对应品质的要求，家长可根据孩子的表现和得星数量酌情摘★。
小海豚（爱）	家人生病时孩子会主动照顾，送药端水；会帮家长捶背取快递等；主动谦让兄弟姐妹；关心爱护小伙伴……孩子每天认真完成2件以上或同一件事做2次以上就可以得1颗★。	爱家人、爱朋友，得到家长们的一致点赞；参加有意义的社会实践（小小志愿者、献爱心、义卖活动等）。	同上
羊博士（热爱学习）	喜欢阅读、讲故事、练字、口算训练，爱思考，经常问为什么；在家里积极主动按时按质按量完成各项作业……孩子每天认真完成2件以上或同一件事做2次以上就可以得1颗★。	热爱学习，兴趣广泛，能独立思考，在学习上成绩一直保持优秀或是在不断进步中；经常获得别人的赞许……	同上

战天鸥（勇敢）	家长外出时，能做一个勇敢独立的小主人；犯错误时能主动承认错误并改正；学习上遇到困难时能迎难而上，战胜"拦路虎"……孩子每天认真完成2件以上或同一件事做2次以上就可以得1颗★。	社区节日庆祝活动或是商场才艺秀等，面对大众，能战胜自己，勇敢上台表演才艺，如讲故事、绕口令、舞蹈、小提琴等。	同上
喵小奇（好奇心）	做作业、阅读时，喜欢动脑筋，具有打破砂锅问到底的精神；细心观察生活中的事物，喜欢问为什么……孩子每天提出有价值的问题，2个以上就可以得1颗★。	提出的问题很有价值，能大胆质疑，有独到的发现……	同上
蜗牛健将（坚持）	每天坚持练字、阅读、画画、跳绳、弹琴、舞蹈基本功训练、帮家长做家务等。孩子每天认真完成2件以上或同一件事做2次以上就可以得1颗★。	每天坚持做有意义的事，无需他人提醒，做事过程专注，并且完成得特别好。	同上
大熊猫（友善）	看到别人有困难，会积极主动给予帮助；主动与别人分享自己的玩具、书籍、美食……孩子每天认真完成1件以上就可以得1颗★。	热心参加社区关爱老人、献爱心、义卖等社会活动。	同上

孔雀公主（审美）	穿衣服时,懂得自己搭配衣裤、鞋子等;购物时,具有一定的审美判断能力;在艺术方面有一定的审美能力,比如画画懂得颜色搭配,听音乐能用心欣赏,能较准确地说出美的感受……孩子每天认真完成1件以上就可以得1颗★。	艺术方面的表现得到别人的一致点赞,比如绘画作品、乐器演奏等获得家长及其他人的掌声与肯定。	同上
大度牛（宽容）	阳光脾气好;遇到家长误解,解释清楚,不急不躁,事后一笑而过;和兄弟姐妹相处,宽容大度,相亲相爱;遇到小伙伴不讲理,就事论事,讲道理重情分,依然是好朋友……孩子每天认真完成1件以上就可以得1颗★。	遇到误解、发生矛盾时,能主动找出问题,积极解决,宽容待人,获得家长和旁人的认可与点赞。	同上
智多猩（创造力）	学习上,能打破思维定式,善于思考有方法,比如语文的习作创新、数学的一题多解、英语的思维导图记忆等;生活中,善于观察,认真思考,具有一定的创造力,比如小制作,自制花盆、笔筒、纸花。孩子每天认真完成1件以上就可以得1颗★。	自创的小制作可观赏性强,可用性高,或是解决问题的办法非常巧妙,得到大家的一致认同或称赞。	同上

小工蜂（自律）	今日事，今日毕，守规矩，会规划。比如家长不在家时，自己积极主动按时按质完成各项作业；严格要求自己，遵守家规或是与家长的承诺，做最好的自己；当愤怒时能自控，再着急能等待……孩子每天认真完成1件以上就可以得1颗★。	每天坚持做到自律，比如今日事，今日毕，并且完成得特别好；坚持每天做好几件事，比如做作业、按时喝牛奶、做家务，并且完成得不错。	同上
念恩雀（感恩）	主动参与家务劳动（扫地、洗碗、洗袜子等）；与别人分享（玩具、书籍、美食等）；体贴照顾长辈（拿药端水、取送物品等）……孩子每天认真完成2件以上或同一件事做2次以上就可得1颗★。	特殊节日（母亲节、父亲节、新年、长辈生日等）的行为表现；参加有感恩意义的社会实践（献爱心、义卖活动等）。	同上

成长记录表

2018年____月　第____周

品质	日期	一句话日记	家长评价★	加减说明
念恩雀（感恩）	周一	帮爸爸洗车	加1★	
	周二	弹钢琴曲《祝你生日快乐》送给爸爸	加1★	
	周三	与小弟弟分享自己做的小玩具	加1★	
	周四			
	周五	参加兄弟学校（一实小）的花卉义卖活动	加2★	有社会意义
	周六	家长很忙，吵着要看电影	减1★	要求不合理
	周日	自己洗红领巾和袜子	加1★	
蚂蚁家族（团队精神）	周一			
	周二			
	周三			
	周四			
	周五			
	周六			
	周日			

小海豚（爱）	周一			
	周二			
	周三			
	周四			
	周五			
	周六			
	周日			
羊博士（热爱学习）	周一			
	周二			
	周三			
	周四			
	周五			
	周六			
	周日			
战天鸥（勇敢）	周一			
	周二			
	周三			
	周四			
	周五			
	周六			
	周日			

喵小奇 （好奇心）	周一			
	周二			
	周三			
	周四			
	周五			
	周六			
	周日			
蜗牛健将 （坚持）	周一			
	周二			
	周三			
	周四			
	周五			
	周六			
	周日			
大熊猫 （友善）	周一			
	周二			
	周三			
	周四			
	周五			
	周六			
	周日			

孔雀公主（审美）	周一			
	周二			
	周三			
	周四			
	周五			
	周六			
	周日			
大度牛（宽容）	周一			
	周二			
	周三			
	周四			
	周五			
	周六			
	周日			
智多猩（创造力）	周一			
	周二			
	周三			
	周四			
	周五			
	周六			
	周日			

小工蜂 (自律)	周一			
	周二			
	周三			
	周四			
	周五			
	周六			
	周日			

(二)递交申请

孩子在品质发展中,经过家长一段时间的跟踪记录,已经达到可以申请点赞卡的要求(100颗★)。家长统计各种品质的得星数量,算出得星星最多的一种品质,并写好申请书递交给班主任,由班主任审核反馈发放点赞卡或提出成长建议。

点赞卡申请书

尊敬的××老师:

您好!

这一段时间以来,钰喆小朋友的优秀品质不断积累发展,已累积获得100颗★。其中,她感念恩情,懂得回报,努力奉献自己的小小力量,符合念恩雀身上的特质,并具有一定的稳定性。特此申请感恩点赞卡一张,敬请老师审核并批准颁发点赞卡。谢谢!

申请人:一年(6)班 钰喆妈妈

2018年2月11日

（三）附上资料

家长在递交申请书时，交给班主任两项过程性材料：成长记录表、音乐相册。

（四）点赞手记

经申请获得点赞卡之后，家长协助在点赞手记上如实记录相应的信息。

1. 一年级学生让家长记录（家长口吻）。

2. 二年级起由学生自行记录（学生口吻）。

一年级点赞手记填写范例：

点赞处	得赞时间	所在班级
	2018年2月22日	一年（6班）
得赞记录	钰喆小朋友做到感念恩情，懂得回报，努力奉献自己小小力量，得到一枚感恩点赞卡。	
分享者	钰喆妈妈	

点赞处	得赞时间	所在班级
得赞记录		
分享者		

点赞处	得赞时间	所在班级
得赞记录		
分享者		

点赞处	得赞时间	所在班级
得赞记录		
分享者		

二年级至六年级点赞手记填写范例：

点赞处	得赞时间	所在班级
	2018年4月22日	三年（6班）
得赞记录	我做到感念恩情，懂得回报，努力奉献自己小小力量，得到一枚感恩点赞卡。	
分享者	李司宸	

点赞处	得赞时间	所在班级
得赞记录		
分享者		

点赞处	得赞时间	所在班级
得赞记录		
分享者		

点赞处	得赞时间	所在班级
得赞记录		
分享者		